LEER EN ESPAÑOL. PRIMEROS LECTORES

NIVEL
2

# El jersey del abuelo

CB003221

SANTILLANA
ESPAÑOL

Ana y su abuelo Miguel están viendo en la televisión un documental sobre animales. Miguel sale en la tele.
Abuelo, ¿por qué te gustan los animales?
Pues... te voy a contar una historia, una historia sobre un jersey mágico.

Este es el cuento del abuelo sobre el jersey mágico.
¡Huy! ¿Qué pasa?

Pero... ¿dónde está Miguel?
¡Vaya! ¡Estoy en África!
¡Mira! Hay un elefante, una jirafa y una cebra.
También hay monos y antílopes.

De repente, Miguel ve a dos cachorros de león.
Detrás vienen dos hombres en un coche.
Los cachorros de león corren muy rápido.
¡Quieren llevarnos a un zoo! ¡Corre!
¡Socorro! ¡Socorro!

Miguel ayuda a los cachorros. Los cachorros se esconden detrás de un árbol. Miguel habla con los hombres.
¿Dónde están los cachorros de león?
Por allí.

Los cachorros de león están muy contentos. Pero... ¡mira quién viene! Son los papás de los cachorros. Ellos no están contentos.
Hoy no hay comida por tu culpa. ¡Eres muy vago! ¡No corres rápido!
¡Yo no soy vago! Corro rápido, pero los antílopes corren más rápido que yo.

Ahora mamá y papá están contentos.
Los cachorros han encontrado comida.
¡Miguel es la comida!
¡Ja, ja! Muy bien, niños. Tenéis comida. ¡Ñam! ¡Ñam!
¡No! No podemos comerlo. Es nuestro amigo.
¡Qué pena!

¡Tengo hambre!
¿Por qué son tan rápidos los antílopes?
¡Vamos a buscar comida, chicos!
¿Vienes a jugar?
¡Vale!

De repente, el jersey mágico empieza a moverse y Miguel ya no ve a los cachorros ni a los otros animales.
¡Adióóóóóós!

A Ana le ha encantado la historia del abuelo sobre el jersey mágico.
Abuelo, por favor, cuéntame otra historia del jersey mágico.
Bueno, a ver... ¿Te cuento la historia del viaje a Borneo y del bebé orangután?

Miguel se pone el jersey mágico todos los días, pero no pasa nada. Un día se lo pone y entonces...
¡Bien! ¿Dónde estoy ahora?

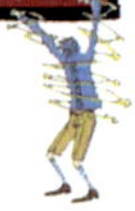

Miguel está en Borneo. Borneo está en el sureste de Asia. Hay muchos animales preciosos en Borneo. Miguel mira a uno de ellos.
¡Eres un orangután muy raro! Tienes el pelo naranja, pero... tu cara es muy rara.
Yo no soy un orangután. Soy un hombre. Me llamo Miguel.

¡Oh, no, un hombre! ¿Vas a cortar mi árbol?
¡No, claro que no!

Pero ¡dónde están los árboles!
No hay árboles. No hay orangutanes. Estoy yo solo.

Por la noche, algunos animales del bosque hablan con el orangután. Hay pájaros, serpientes, insectos y monos. Quieren ayudar al orangután.
Hay una isla. En la isla hay muchos orangutanes y están todos muy contentos.
¡Nosotros te vamos a ayudar!
Pero ¿cómo voy hasta allí?

Miguel ayuda a escapar al orangután. Hay hombres. Los hombres están comiendo y hablando y no ven a Miguel ni al orangután.
¡Tengo miedo!
¡Shhhh, tranquilo! No hay que hacer ruido.

Miguel lleva al orangután en barca hasta la isla. En la isla hay muchos orangutanes. ¡Están todos muy contentos!
¡Ya veo la isla!
¡Hay muchos orangutanes!
¡Qué bien! ¡Gracias, Miguel!

Miguel y el orangután llegan a la isla. El bebé orangután está muy contento. Hay muchos orangutanes en la isla.
De repente, el jersey mágico empieza a moverse y Miguel ya no ve al orangután ni la isla.
¡Adióóóóóós! ¡Buena suerte, pequeño orangután!

Ana está muy contenta. Le encantan las historias del abuelo. Ahora entiende por qué el abuelo ama a los animales. Pero Ana tiene que volver a su casa.
Son las cinco, Ana. Tienes que volver a casa.
¡Vale, abuelo! Pero ¿puedo venir a verte pronto?

La mamá de Ana tiene un regalo. Es un regalo para Ana. Es un regalo para Ana del abuelo.
¡Hola, Ana! Mira, un regalo del abuelo.

¡Es un viejo jersey azul! Es un regalo muy raro.
¡No! ¡Es el mejor regalo del mundo! ¡Es el jersey mágico!

# Pictodiccionario

el árbol

la barca

el bosque

el cachorro de león

la comida

cortar el árbol

correr rápido, más rápido

escapar

esconderse

# Pictodiccionario

los hombres

la isla

el jersey, el suéter

ponerse el jersey,
ponerse el suéter

el regalo

ser vago, ser flojo

tener
hambre

tener
miedo

ver la
televisión